6
7
7
2
2
6
7

7
3
7
6
8
1
1
1
7

3
4
2
2
5
8
9
4
1
1
8
3
4
1

7
1
1
5
5
1
5
5
6
6
1
1
4
4
8
4

4
3
2
2
4
8
1
4
2
4
4
7
4
6
6
4
9
9

5
1
3
5
7
8
1
2
3
8

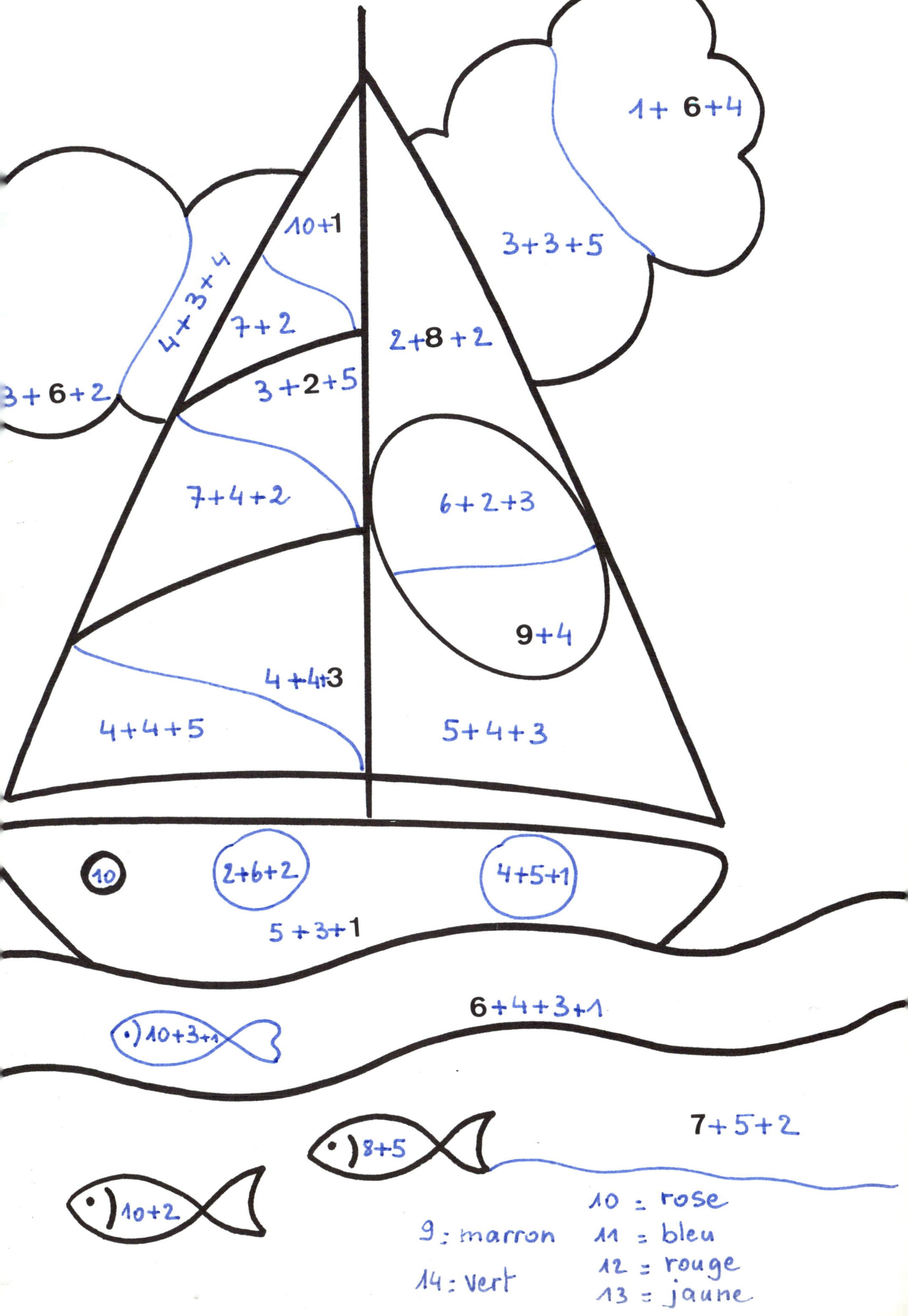
1+ 6+4
3+3+5
10+1
4+3+4
7+2
2+8+2
3+6+2
3+2+5
7+4+2
6+2+3
9+4
4+4+3
4+4+5
5+4+3
10
2+6+2
4+5+1
5+3+1
6+4+3+1
10+3+1
7+5+2
8+5
10+2
10 = rose
9 : marron
11 = bleu
12 = rouge
14 : Vert
13 = jaune

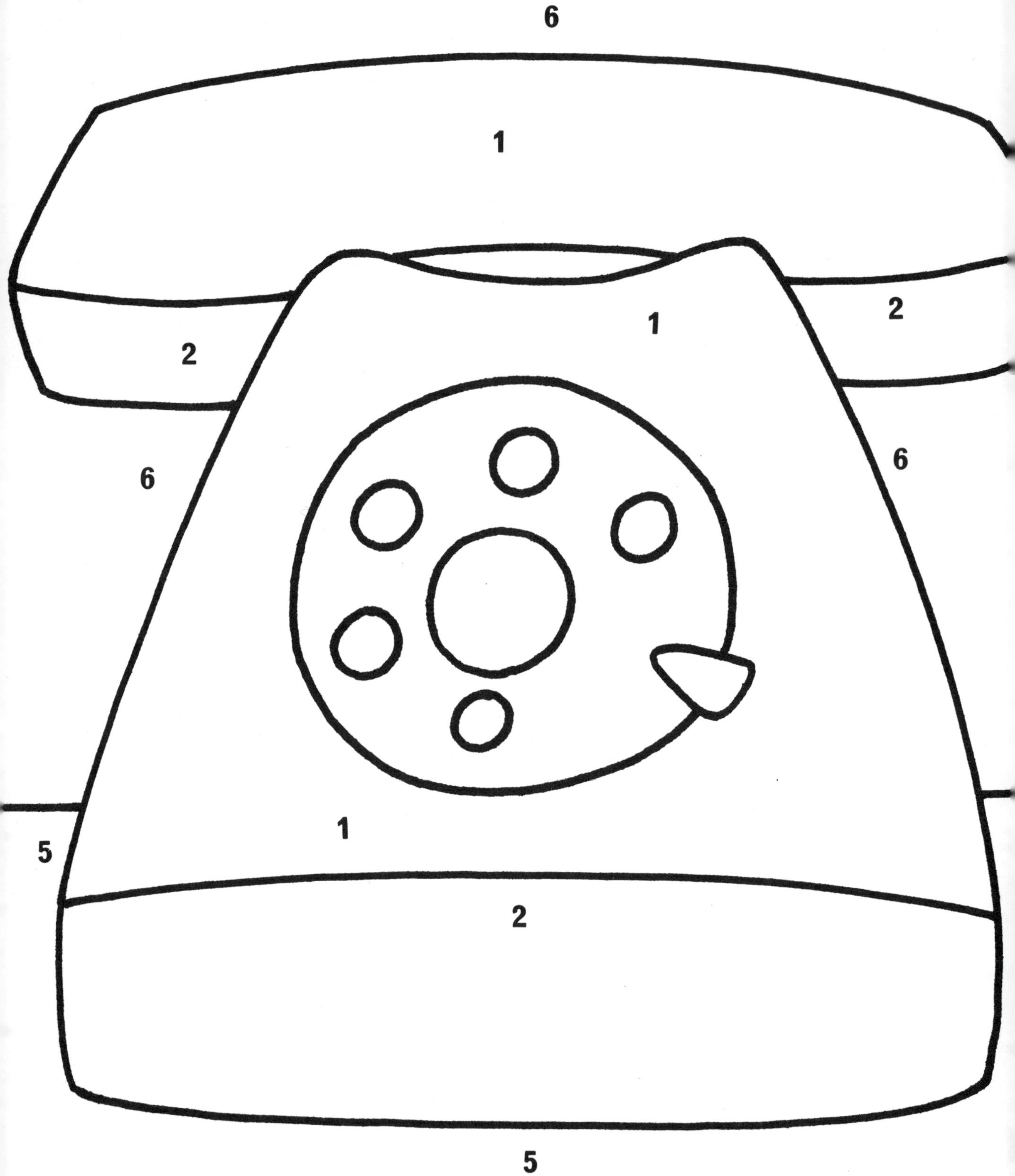
6
1
1
2
2
6
6
5
1
2
5

2
2
8
4
8
2
2
8
8
5
5
3
9
5
1
1
7
1
1

7
5
7
6
6
5
4
3
3
4
1
8
7

5
3
3
3
6
6
4
7
7
4
5
8
7
7
7

6
8
8
1
1
6
5
8
1
1
6
4
5
5
5
4
5
5
5
4
5
5
4

3
8
7
2
1
4
3
6
6
3
7
8
6
4
3
2
1
2
1
1
2
1
8
7
4
3

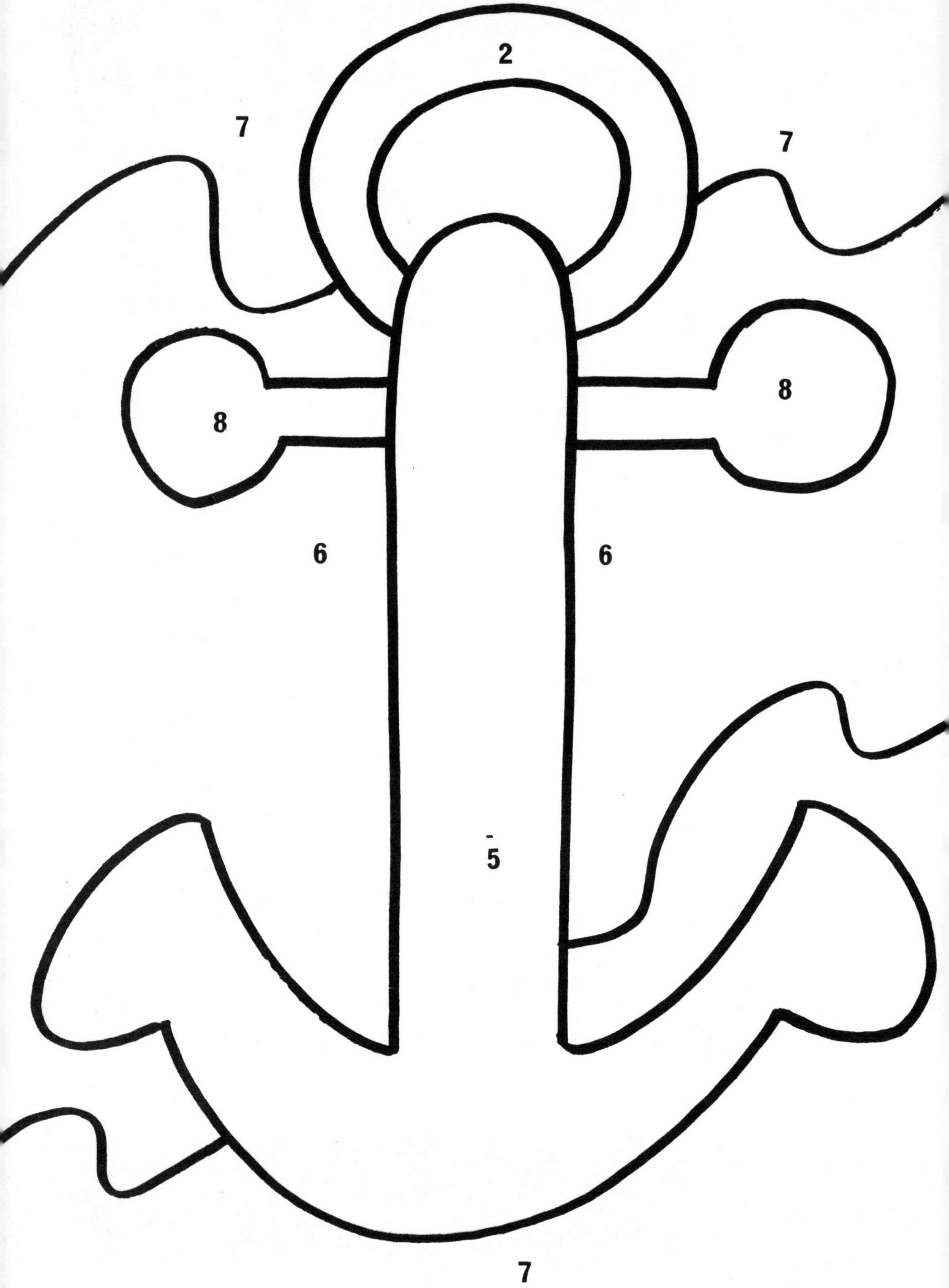
2
7
7
8
8
6
6
5
7

6
8
8
4
8
4
4
3
7
5
1
8
7
2
5

8
3
8
2
3
8
2
3
2
3
1
8
7
7
7
6
7

6
6
5
9
5
7
5
5
9
1
7
9
4
2
1
1
9
2
4

5
4
2
9
9
5
5
2
4
4
4
2
9

6
5
5
5
4
4
4
8
2
1
5
1
2

5
6
4
5
4
6
1
8
3
9
8
1
3
9
9

7
1
2
6
2
1
6
6
6
2
1
2
7
1
2
7
1
2
1
2
1
2
1
2
1
2
2
7

6
8
6
7

5
3
3
2
1
1
5
6
6
5
5
3
7

6
1
6
1
5
3
3
4
7
1
2
3
1
1
3
2
5
9
5

7
6
6
1
6
6
7
7
2
2
9

6
2
2
2
1
7
6
1
7

6
1
8
1
3
8
1
9
9
2

6
3
8
8
2
4
2
2
1
8
3

1
3
6
6
6
1
4
8
7
5
5

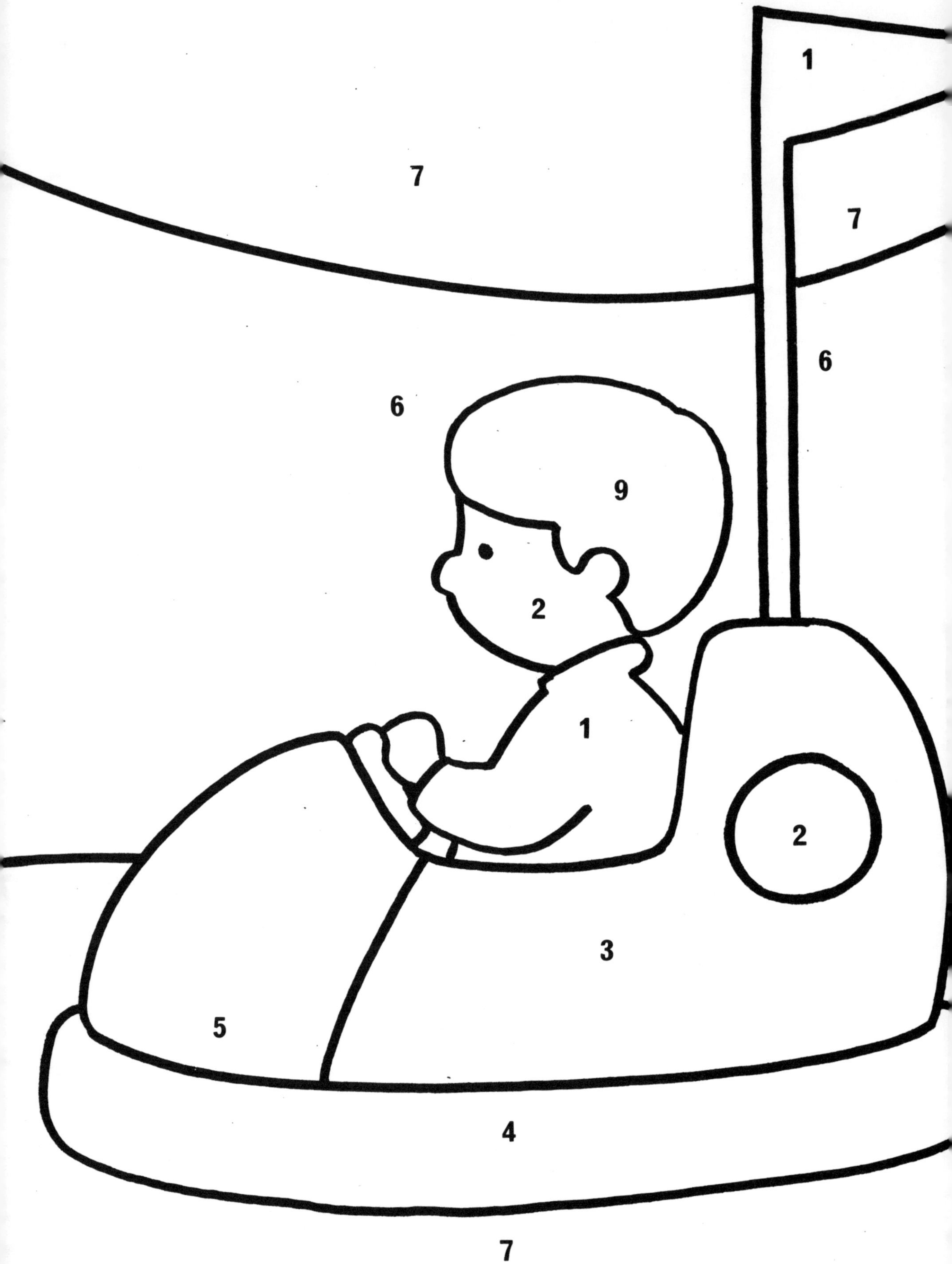
1
7
7
6
6
9
2
1
2
3
5
4
7

7
7
7
1
1
3
5
2
6
4
1
1
4
7
5
5

4
3
3
2
2
2
5
5
8
1
1
1
3
7
1